TRAITÉ D'HARMONIE.

PAR

JOSEPH FRANCK.

NOTIONS PRÉLIMINAIRES.

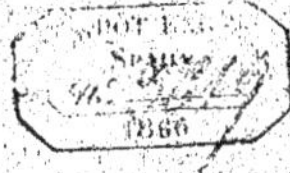

DEMANDE. Qu'est-ce que l'harmonie ?

RÉPONSE. La science des accords, l'art de les employer, constituent ce qu'on appelle l'harmonie.

D. Combien faut-il de sons pour former un accord ?

R. Trois sons au moins sont nécessaires pour former un accord ; l'harmonie s'écrit donc à trois, à quatre, ou même à un plus grand nombre de parties.

D. Qu'appelle-t-on contre-point à deux parties ?

R. On appelle contre-point à deux parties, deux parties qui se font entendre simultanément. Cette dénomination vient de ce qu'anciennement on écrivait la musique avec des points au lieu de notes. Une seule partie, soit vocale, soit instrumentale, se nomme Chant ou Mélodie.

On doit d'abord apprendre à écrire à deux parties. Il sera facile ensuite d'écrire à trois et même à quatre parties, les règles étant non-seulement les mêmes, mais encore moins rigoureuses. Il faut s'appliquer à connaître les intervalles dont se forment les accords ; alors on comprendra aisément la composition.

DES INTERVALLES ET DE LEURS RENVERSEMENTS.

D. Qu'appelle t-on intervalle ?

R. On appelle intervalle la distance qui existe d'une note à une autre.

D. Comment compte-t-on les intervalles ?

R. On compte les intervalles du grave à l'aigu.

D. Quels sont les intervalles renfermés dans la gamme ?

R. Les intervalles renfermés dans la gamme sont: la seconde, la tierce, la quarte, la quinte, la sixte, la septième et l'octave.

D. Double-t-on les intervalles ?

R. Oui, on peut doubler les intervalles, et alors on trouve ceux de neuvième, de dixième, onzième, douzième, tréizième, quatorzième et quinzième, qui sont semblables aux premiers à l'octave supérieure.

D. Les intervalles peuvent-ils être renversés ?

R. Oui, les intervalles peuvent être renversés.

D. Que deviennent les intervalles en les renversant ?

R. En renversant les intervalles, c'est-à-dire en transposant le grave à l'aigu ou l'aigu au grave, l'unisson devient octave, la seconde devient septième, la tierce devient sixte, la quarte devient quinte, la quinte devient quarte, la sixte devient tierce, la septième devient seconde, et l'octave devient unisson.

D. N'y a-t-il pas une manière facile de trouver le renversement des intervalles?

R. Oui, il faut pour cela que le chiffre représentant l'intervalle à renverser soit soustrait du chiffre 9. La différence trouvée entre ces 2 chiffres donnera celui de l'intervalle renversé.

Ex. Soit à chercher le renversement de la seconde: cet intervalle est représenté par le chiffre 2. Sachant que la différence entre 2 et 9 est 7, c'est donc l'intervalle de septième qui est le renversement de la seconde.

E. REPOS, 171.

1866

Imp. Salme rue de la Poterie 20.

D. Lorsque les intervalles sont renversés, conservent-ils leurs mêmes qualités, c'est-à-dire les intervalles majeurs restent-ils majeurs, les mineurs, mineurs, et ainsi de suite ?

R. Non, ils ne conservent pas leurs mêmes qualités : ainsi, les intervalles majeurs deviennent mineurs, les mineurs deviennent majeurs, les diminués deviennent augmentés, les augmentés deviennent diminués, les justes restent justes.

TABLEAU DES INTERVALLES ET DE LEURS RENVERSEMENTS.

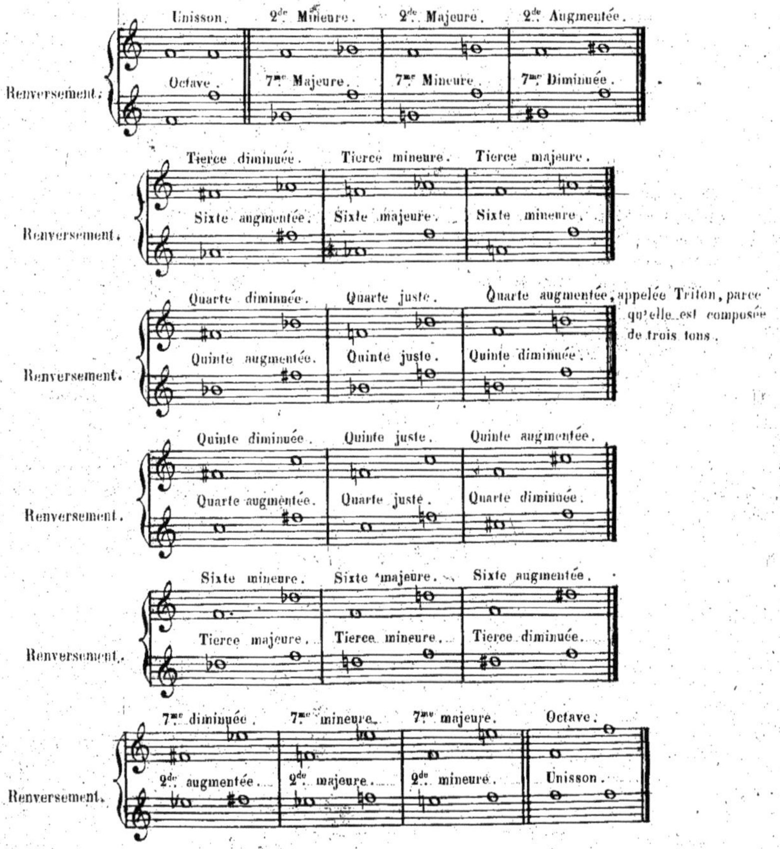

Unisson.   2de Mineure.   2de Majeure.   2de Augmentée.

Renversement :   Octave.   7me Majeure.   7me Mineure.   7me Diminuée.

Tierce diminuée.   Tierce mineure.   Tierce majeure.

Renversement.   Sixte augmentée.   Sixte majeure.   Sixte mineure.

Quarte diminuée.   Quarte juste.   Quarte augmentée, appelée Triton, parce qu'elle est composée de trois tons.

Renversement.   Quinte augmentée.   Quinte juste.   Quinte diminuée.

Quinte diminuée.   Quinte juste.   Quinte augmentée.

Renversement.   Quarte augmentée.   Quarte juste.   Quarte diminuée.

Sixte mineure.   Sixte majeure.   Sixte augmentée.

Renversement.   Tierce majeure.   Tierce mineure.   Tierce diminuée.

7me diminuée.   7me mineure.   7me majeure.   Octave.

Renversement.   2de augmentée.   2de majeure.   2de mineure.   Unisson.

DES CONSONNANCES ET DES DISSONNANCES.

D. Comment les intervalles sont-ils divisés ?

R. Les intervalles sont divisés en Consonnants et en Dissonnants.

D. Quels sont les intervalles consonnants, ou, en d'autres termes, les consonnances ?

R. Les consonnances sont la Tierce, la Quinte, la Sixte et l'Octave.

Intervalles consonnants.

Quels sont les intervalles dissonnants ou simplement les dissonnances ?
Les dissonnances sont la Seconde et la Septième.

Intervalles dissonnants.

D. La quarte est-elle considérée comme consonnante ou comme dissonnante ?

R. En ce qui concerne la quarte: les avis sont partagés: quelques auteurs la regardent comme consonnance, d'autres comme dissonnance, mais la plupart des théoriciens considèrent la quarte comme consonnante, quand elle est entre les parties intermédiaires ou entre une partie intermédiaire et la supérieure, et comme dissonnante, quand elle frappe contre la basse.

D. Combien y a-t-il de sortes de consonnances ?

R. Il y a deux sortes de consonnances: les parfaites et les imparfaites.

D. Quelles sont les consonnances parfaites ?

R. Les consonnances parfaites sont: la quinte et l'octave; on les appelle parfaites, parcequ'elles ne peuvent être altérées sans cesser d'être consonnantes; c'est pourquoi on doit considérer la quinte diminuée et la quinte augmentée comme intervalles dissonnants.

D. Quelles sont les consonnances imparfaites ?

R. Les consonnances imparfaites sont la tierce et la sixte; on les appelle imparfaites, parcequ'elles peuvent être majeures et mineures sans cesser d'être consonnantes, mais on doit regarder la tierce diminuée et la sixte augmentée comme intervalles dissonnants.

DES MOUVEMENTS.

D. Qu'est-ce qu'un mouvement ?

R. C'est l'ordre dans lequel montent ou descendent les différentes parties harmoniques.

D. Combien y a-t-il de mouvements ?

R. Il y a trois mouvements: 1° le mouvement direct qu'on appelle aussi droit ou mouvement semblable, 2° le mouvement oblique, et 3° le mouvement contraire.

D. Quand un mouvement est-il direct ?

R. C'est lorsque deux parties montent ou descendent en même temps.

Ex.

TRAITÉ D'HARMONIE. (FRANCK.)

D. Qu'est-ce que le mouvement oblique ?

R. Le mouvement oblique est celui que font deux parties dont l'une monte ou descend pendant que l'autre reste au même point.

EXEMPLE.

D. Qu'entend-on par mouvement contraire ?

R. Le mouvement contraire est celui que font deux parties dont l'une monte pendant que l'autre descend.

EXEMPLE.

D. Quels sont les mouvements qu'on doit employer de préférence dans l'harmonie ?

R. Le mouvement oblique et surtout le mouvement contraire sont ceux qui offrent le plus de ressources et de richesses dans l'harmonie.

D. Comment emploie-t-on une suite de consonnances parfaites ?

R. Une suite de consonnances parfaites ne s'emploient que par un mouvement oblique et contraire.

EXEMPLE.

D. Pourquoi, dans une succession de consonnances parfaites, ne peut-on pas employer le mouvement direct ?

R. Parceque l'emploi du mouvement direct pour les consonnances parfaites produirait des quintes et des octaves de suite, soit directes, soit cachées, ce qui est absolument défendu ; ce n'est qu'à 3 et à 4 parties que les quintes et les octaves cachées sont tolérées, et seulement entre les parties intermédiaires.

D. Quand y a-t-il quintes et octaves cachées ?

R. Il y a quintes et octaves cachées, quand on arrive à une consonnance parfaite par un mouvement direct, ce qui se prouve en remplissant l'intervalle qui sépare les notes entre elles.

D. Comment emploie-t-on une succession de consonnances imparfaites ?

R. Une succession de consonnances imparfaites s'emploient par les trois mouvements.

CONTRE-POINT SIMPLE A DEUX PARTIES.

Il faut s'exercer d'abord sur les intervalles consonnants; ainsi,on n'emploiera dans les le_
çons suivantes que des tierces, quintes, sixtes et octaves. On aura soin de commencer par une con_
sonnance parfaite et de terminer par l'octave précédée de la note sensible, on évitera de faire deux
tierces majeures de suite par un mouvement direct et comme dureté; on évitera trois tierces ou trois
sixtes de suite comme pauvreté; on évitera de trop sauter et de prendre des intervalles dont l'in_
tonation serait difficile, telles que seconde augmentée, tierce diminuée & ,& ,en général tous les inter_
valles diminués ou augmentés et qui sont nommés fausses relations. On n'emploiera que des rondes.

BASSE DONNÉE.

On devra faire plusieurs chants différents sur cette basse d'après les règles énon_
cées ci-dessus, ensuite on mettra cette basse à la partie supérieure et l'on s'exercera éga_
lement à trouver plusieurs basses différentes.

EXEMPLE D'UNE BASSE RÉALISÉE.
1ʳᵉ espèce note contre note.

B.D.

EXEMPLE D'UN CHANT RÉALISÉ.

Ch. D.

On remarquera que la basse doit toujours commencer par la tonique.

Autres BASSES sur lesquelles on devra s'exercer longtemps comme sur la précédente:

CONTRE-POINT A DEUX PARTIES, 2ᵐᵉ ESPÈCE, DEUX NOTES CONTRE UNE.

Dans cette espèce de contre-point, la seconde blanche de chaque mesure pourra être une note
de passage. Les notes de passage servent à remplir l'intervalle qui sépare deux ou plusieurs notes;
elles doivent donc toujours marcher diatoniquement.

Ex:

Il faut éviter de répéter la même note; c'est une pauvreté.

Exemple d'un contre-point de 2.ᵉ espèce.

_Comme on le voit dans cet exemple, il est permis de commencer cette espèce de contre-point par une demi-pause, c'est même plus élégant, comme aussi on peut employer une demi-pause au milieu de la leçon dans un cas difficile.

Exemple d'un conte-point de la même espèce; le Chant a la partie supérieure.

Contre-point a 2 parties, 3.ᵐᵉ espèce, quatre notes conte une.

Dans cette espèce, la seconde et la quatrième notes peuvent être des notes de passage. La 1.ʳᵉ des quatre doit toujours être une consonnance.

Exemple.

Il est permis dans cette espèce de commencer par un soupir; aucun silence ne peut être employé dans le courant de la leçon.

Le chant a la partie supérieure.

S'il se trouve parfois un intervalle de quarte augmentée entre les deux parties, il faut que le chant monte et que la basse descende; si, au contraire, il se trouve une quinte diminuée, c'est la basse qui doit monter et le chant qui doit descendre.

Contre-point a 2 parties, 4.ᵐᵉ espèce, Syncopes de blanches.

Dans cette espèce, l'emploi des syncopes permet de se servir de dissonnances, mais il faut qu'elles aient une **préparation** et une **résolution**; c'est-à-dire qu'avant d'être dissonnance, une note doit avoir été entendue comme consonnance; la consonnance, ou la préparation, ne peut pas être plus courte que la dissonnance, celle-ci se résout toujours en descendant d'un degré; la dissonnance peut être plus courte que la préparation.

Exemples.

CONTRE-POINT à deux parties, 5.me espèce, nommée contre-point fleuri.

Dans cette espèce on emploie les blanches, les blanches pointées, les noires, les syncopes, et même quel_quefois deux croches employées après une noire ou après une blanche pointée.

EXEMPLES.

LE CHANT A LA PARTIE SUPÉRIEURE.

Quand on aura fait beaucoup d'exemples de ces différentes espèces de contre-point sur chacune des basses données tant à la partie supérieure qu'à la partie inférieure, on pourra commencer l'harmonie à trois et à quatre parties.

HARMONIE A TROIS ET QUATRE PARTIES.

L'accord parfait se compose de tierce et de quinte; à quatre parties, on double soit l'une soit l'autre de ces trois notes; les intervalles se comptent toujours du grave à l'aigu, ainsi ce seront la tierce et la quinte de la basse qui formeront accord parfait.

On représente les accords par un ou plusieurs chiffres: ainsi, l'accord parfait se chiffre par un 3, un 5, ou un 8; quelques auteurs ne chiffrent pas les notes qui doivent porter accord parfait. Quand la tierce de l'accord parfait est diésée, on chiffre cet accord par un ♯; quand elle est bémolisée, on le chiffre par un ♭, et, quand, ayant des ♯ ou des ♭ à la clef, on veut avoir un accord parfait dont la tierce soit une note naturelle malgré les ♯ ou ♭ à la clef, on indique cet accord par un ♮.

L'accord parfait peut se placer sur les six premières notes de la gamme; la tierce et la quinte placées sur la 7.me note forment ce qu'on nomme l'accord de quinte diminuée, à cause de la quinte diminuée qui s'y trouve; cet accord se chiffre par un 5 barré, Ex. 5.

En écrivant à trois parties, la dominante et la note sensible peuvent monter ensem_ble à la tonique malgré les octaves cachées; de même la partie intermédiaire peut faire des quintes cachées avec la basse, quand celle-ci monte ou descend de quarte ou de quinte, pourvu que la première partie marche en mouvement contraire avec la basse et que la partie intermédiaire ne saute pas.

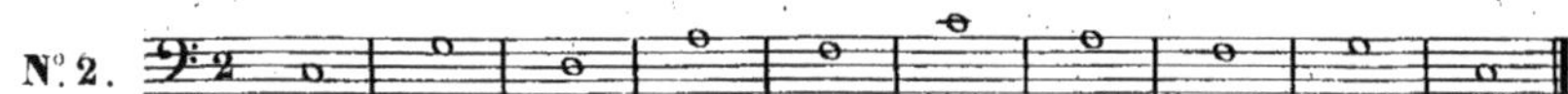

N°. 1.

AUTRE BASSE QU'IL FAUT RÉALISER A 3 PARTIES, COMME LA PRÉCÉDENTE.

N°. 2.

Pour obtenir le premier renversement d'un accord, il faut transporter la note grave à la partie supérieure; ainsi, pour obtenir le premier renversement de l'accord parfait majeur Do, Mi, Sol, il faut supprimer le Do, et le transporter à l'aigu, ce qui donnera Mi, Sol, Do; ce premier renversement se nomme accord de sixte; il se compose de tierce et de sixte; on le chiffre par un 6.

Ex.

Pour obtenir le second renversement d'un accord, il faut transporter la note grave du premier renversement à la partie supérieure: ainsi, dans l'exemple précédent, la note grave est Mi; en mettant ce Mi à l'aigu, on aura Sol, Do, Mi; le second renversement de l'accord parfait se compose de quarte et de sixte; il se nomme accord de quarte et sixte, et se chiffre par $\frac{6}{4}$.

Ex.

Quand un accord doit être prolongé sur une ou plusieurs notes, on tire un trait; alors l'accord placé sur la première note dure jusqu'à l'extrémité du trait.

LEÇON POUR L'EMPLOI DE L'ACCORD PARFAIT ET DE SES DEUX RENVERSEMENTS.

N°. 3.

BASSES A RÉALISER A 3 PARTIES.

EXEMPLE d'une leçon à quatre parties, où l'on verra que la règle qui défend de faire des quintes et des octaves cachées est moins rigoureuse, surtout entre les parties intermédiaires. On verra aussi que l'accord parfait n'étant composé que de trois sons, de même que ses renversements, on est obligé de doubler tantôt l'une, tantôt l'autre des notes de cet accord.

N° 9.

De même qu'on a employé les notes de passage à la seconde et à la troisième espèce de contre-point, nous les emploierons également à l'avenir dans les leçons à 3 et à 4 parties.

DES IMITATIONS.

On appelle imitation deux ou plusieurs parties qui se répondent et qui font le même dessin, quand même ces différentes parties ne seraient pas sur le même degré de la gamme.

5 5 6 5 6 5 6 3
5 5 6 5 6 5 6 3
5 6 5 6 5 6 5 6 5 3
5 6 5 6 5 6 5 6 5 3
5 6 5 6 5 6 5 6 5 5

La leçon suivante, écrite d'abord en harmonie simple, est refaite ensuite avec des notes de passage.

N°. 10.

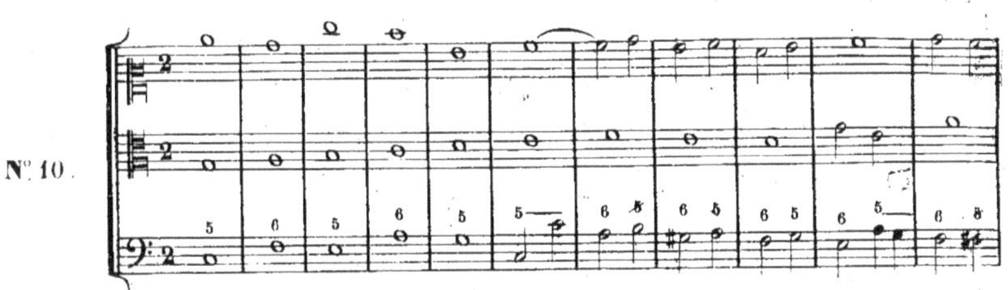

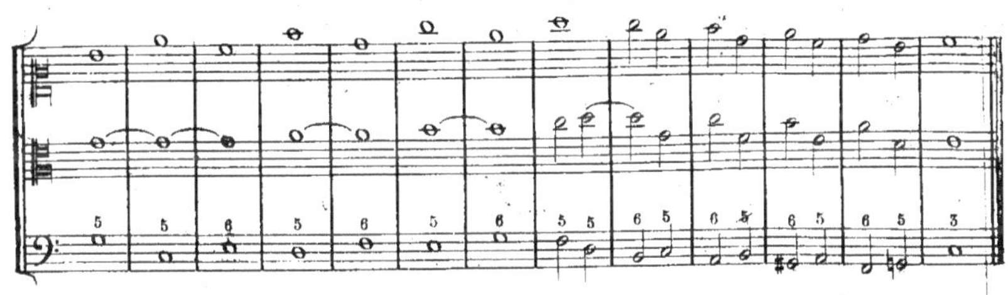

N°. 11.

N° 12.

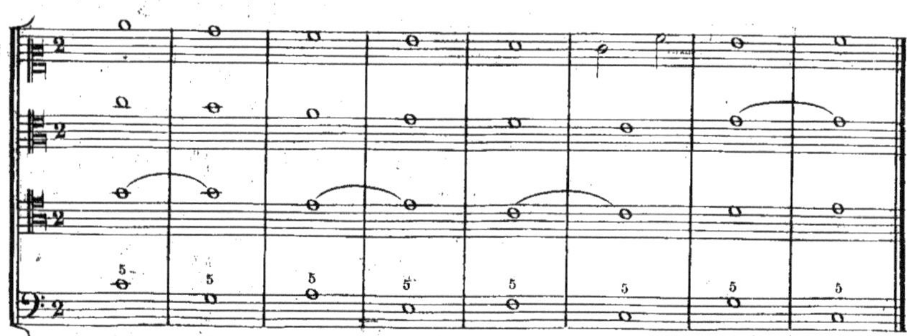

TRAITÉ D'HARMONIE. (FRANCK.)

N° 13.

TRAITÉ D'HARMONIE. (FRANCK.)
ACCORD DE SEPTIÈME DOMINANTE.

Cet accord est ainsi nommé, parcequ'il se pose sur la Dominante; il se compose de tierce majeure, quinte juste et septième mineure, ou, en d'autres termes, il se compose de trois tierces superposées dont la première est majeure et les deux autres sont mineures; la septième, étant dissonnante, doit toujours descendre d'un degré, soit d'un ton, soit d'un demi-ton. La 7me dominante se chiffre par une croix surmontée d'un 7. Ex. 7.

Cette marche de la Basse allant de la Dominante à la tonique se nomme CADENCE PARFAITE; néanmoins la Cadence parfaite se réalise aussi quand la Dominante, au lieu de porter la Septième, ne porte que l'accord parfait majeur, pourvu que l'accord suivant soit l'accord parfait sur la tonique.

Dans l'exemple suivant, la Dominante va à la tonique, mais cette tonique devient Dominante en y plaçant la Septième dominante. En continuant cette marche, on peut parcourir tous les tons.

et ainsi de suite.

LEÇON POUR L'EMPLOI DE LA SEPTIÈME DOMINANTE.

Comme on vient de le voir dans la leçon précédente, l'accord de Septième dominante est un bon moyen pour moduler, c'est-à-dire, pour changer de ton. En posant cet accord sur la tonique, cette tonique devient elle-même dominante, et si on emploie la cadence rompue, c'est-à-dire, si on fait monter la basse, soit d'un ton, soit d'un ½ ton, les ressources pour moduler seront d'autant plus nombreuses.

PREMIER RENVERSEMENT DE LA SEPTIÈME DOMINANTE.

Le premier renversement de la Septième dominante se nomme accord de quinte diminuée et sixte; il se compose de tierce mineure, quinte diminuée et sixte mineure. Cet accord se place sur la note sensible et se chiffre par un 5 barré surmonté d'un 6.   Ex: $\frac{6}{5}$.

SECOND RENVERSEMENT DE LA SEPTIÈME DOMINANTE.

Le second renversement de la Septième dominante se nomme accord de sixte sensible, parce que la sixte de la basse est toujours la note sensible; il se compose de tierce mineure, quarte juste et sixte majeure. Cet accord se pose sur la seconde note du ton et se chiffre par 6 barré, précédé d'une croix. Ex. +6.

TROISIÈME RENVERSEMENT DE LA SEPTIÈME DOMINANTE.

Le troisième renversement de la Septième dominante se nomme accord de Triton. Il se compose de seconde majeure, quarte augmentée et sixte majeure; il se place sur la quatrième note du ton et se chiffre par un 4 précédé d'une croix. Ex. +4.

DE LA SEPTIÈME MIXTE.

Cet accord se nomme Septième mixte, parcequ'il se place sur la note sensible du mode majeur et sur la seconde note du mode mineur. Dans le premier cas, cet accord se nomme accord de septième sensible, et, dans le second, septième de seconde. Il se compose de tierce mineure, quinte diminuée et 7.me mineure et se chiffre par un 5 barré surmonté d'un 7. Ex.

LEÇON POUR L'EMPLOI DE LA SEPTIÈME MIXTE DANS LES DEUX MODES.

N.º 19.

TRAITÉ D'HARMONIE. (FRANCK.)
PREMIER RENVERSEMENT DE LA SEPTIÈME MIXTE.

Le premier renversement de la Septième mixte se nomme accord de quinte et sixte; il se compose de tierce mineure, quinte juste et sixte majeure; il se pose sur la seconde note du ton majeur et sur la quatrième note du ton mineur.....L'accord de quinte et de sixte se chiffre par un 5 surmonté d'un 6. Ex. $\frac{6}{5}$.

LEÇON POUR L'EMPLOI DU 1.er RENVERSEMENT DE LA SEPTIÈME MIXTE DANS LES DEUX MODES.

N.º 20.

SECOND RENVERSEMENT DE LA SEPTIÈME MIXTE.

Le second renversement de la Septième mixte se nomme accord de Triton avec tierce majeure; il se compose de tierce majeure, de quinte augmentée et de sixte majeure; il se pose sur la quatrième note du ton majeur et sur la sixième dans le ton mineur. Cet accord se chiffre par un 3 au-dessus duquel on met un 4 précédé d'une croix.   Ex, +$\frac{4}{3}$.

TROISIÈME RENVERSEMENT DE LA SEPTIÈME MIXTE.

Le troisième renversement de la Septième mixte se nomme accord de seconde; il se compose de seconde majeure, quarte juste et sixte mineure, se pose sur la sixième note du ton majeur ou sur la tonique du ton mineur, et se chiffre par un 2.

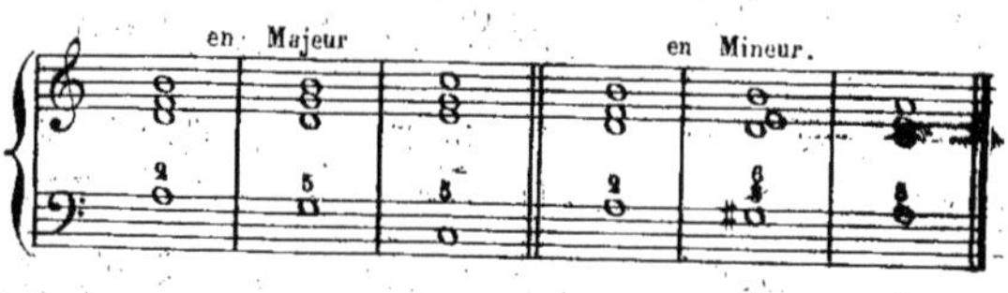

en Majeur   en Mineur.

LEÇON POUR L'EMPLOI DE LA SEPTIÈME MIXTE ET DE SES TROIS RENVERSEMENTS.

N°. 22.

DIFFÉRENTES RÉSOLUTIONS DE LA SEPTIÈME MIXTE ET DE SES RENVERSEMENTS.

ACCORD DE SEPTIÈME DIMINUÉE.

L'accord de Septième diminuée se compose de trois tierces mineures superposées, c'est-à-dire, tierce mineure, quinte diminuée et septième diminuée; il se pose sur la note sensible du mode mineur et se chiffre par un 7 barré.   Ex.

Leçon pour l'emploi de la Septième diminuée.

Nº 23.

PREMIER RENVERSEMENT DE LA SEPTIÈME DIMINUÉE.

Le premier renversement de la Septième diminuée se nomme accord de sixte sensible et quinte diminuée; il se compose de tierce mineure, quinte diminuée et sixte majeure; il se pose sur la seconde note du ton mineur, et se chiffre par un 5 barré au-dessus duquel on place un 6 précédé d'une croix. Ex.

Leçon pour l'emploi de l'accord de $\frac{+6}{5}$.

N° 24

SECOND RENVERSEMENT DE LA SEPTIÈME DIMINUÉE.

Le second renversement de la Septième diminuée se nomme accord de Triton et de tierce mineure; il se compose de tierce mineure, quarte augmentée et sixte majeure; il se pose sur la quatrième note du ton mineur et se chiffre par un 3 au-dessus duquel on pose un 4 précédé d'une croix. Ex.

Leçon pour l'emploi du second renversement de la Septième diminuée.

N°. 25.

TRAITÉ D'HARMONIE. (FRANCK.)
TROISIÈME RENVERSEMENT DE LA SEPTIÈME DIMINUÉE.

Le troisième renversement de la Septième diminuée se nomme accord de seconde augmentée; il se compose de seconde augmentée, triton et sixte majeure; il se pose sur la sixième note du ton mineur et se chiffre par un 2 précédé d'une croix. Ex. +2.

LEÇON POUR L'EMPLOI DU TROISIÈME RENVERSEMENT DE LA SEPTIÈME DIMINUÉE.

N.º 26.

TRAITÉ D'HARMONIE. (FRANCK.)

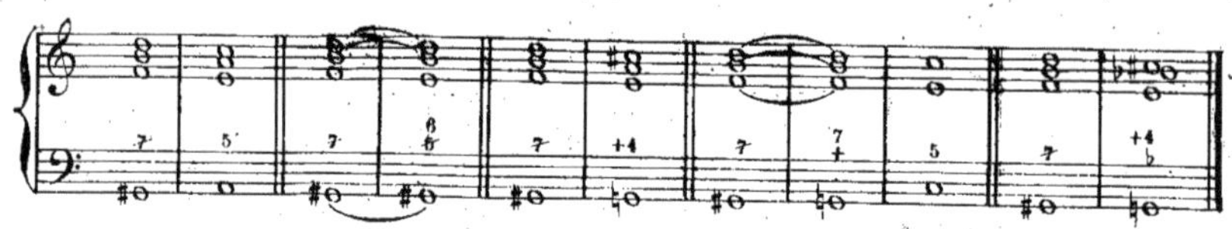

Différentes résolutions de la Septième diminuée et de ses renversements, ainsi que quelques exemples
de ces mêmes accords précédés de l'accord de septième dominante ou de celui de septième mixte.

DES SEPTIÈMES MAJEURES ET MINEURES.

On distingue encore deux espèces de Septièmes: la 7.ᵐᵉ majeure et la 7.ᵐᵉ mineure; la 7.ᵐᵉ majeure se place sur la tonique et sur la quatrième note du ton, et la 7.ᵐᵉ mineure sur la deuxième, la troisième et la sixième note du ton, de sorte que toutes les notes de la gamme majeure peuvent porter un accord de septième.

Prenons pour exemple le ton d'UT majeur: sur l'UT, on met la 7.ᵐᵉ majeure; sur le RÉ, 7.ᵐᵉ mineure; sur le MI, également 7.ᵐᵉ mineure; sur le FA, la 7.ᵐᵉ majeure; sur le SOL, 7.ᵐᵉ dominante; sur le LA, 7.ᵐᵉ mineure; et sur le SI, 7.ᵐᵉ sensible.

Tous ces accords de Septièmes sont composés de tierce, quinte et septième.

Mais il est bien plus naturel de considérer ces différentes septièmes comme des retards de consonnances que comme accords, par la raison que les accords de Septièmes que nous avons appris jusqu'ici, peuvent être frappés sans préparation, et que les Septièmes majeures et mineures ne le peuvent pas; ces dernières se chiffrent par un 7.

LEÇON POUR L'EMPLOI DE LA SEPTIÈME MAJEURE ET DE SES RENVERSEMENTS.
1ʳᵉ et 4ᵉ note du ton majeur.

AUTRE LEÇON SUR LE MÊME SUJET.

N.° 28.

AUTRE LEÇON SUR LE MÊME SUJET, tirée de **V. DOURLEN**.

N.° 29.

Le retard de l'octave dans l'accord parfait donne la dissonnance de neuvième, laquelle ne doit jamais être préparée par l'octave, mais bien par une autre consonnance.

MARCHE DE NEUVIÈMES.

TRAITÉ D'HARMONIE. (FRANCK.)

LEÇON POUR L'EMPLOI DE LA DISSONNANCE DE NEUVIÈME.

Nº 30.

Différentes manières de préparer et de résoudre l'accord de Neuvième.

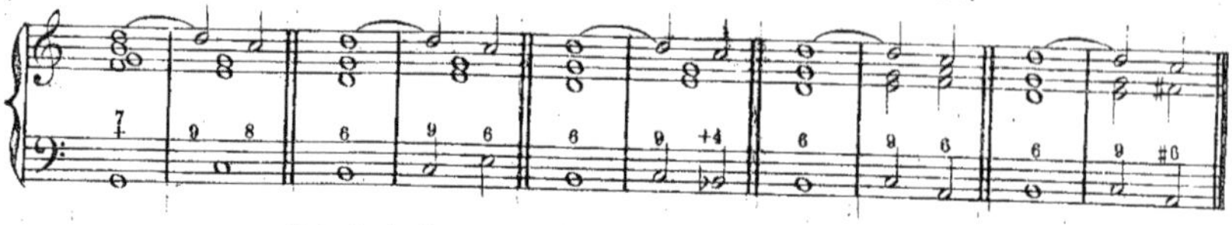

Retard de l'octave par la 9.me dans l'accord de Sixte.

Le retard de la tierce dans l'accord parfait donne l'accord de quarte et quinte qui se chiffre par un 4 surmonté d'un 5, Ex. $\frac{5}{4}$.

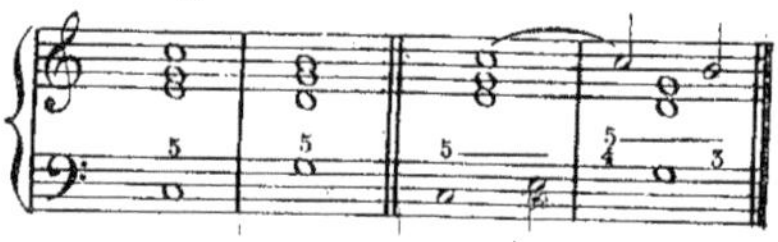

MARCHE DE QUARTES ET QUINTES.

LEÇON POUR L'EMPLOI DE L'ACCORD DE QUARTE ET QUINTE.

N.º 31.

En retardant la basse dans l'accord de sixte, on obtient celui de seconde et quinte, lequel se chiffre par un 2 surmonté d'un 5. Ex. $\frac{5}{2}$.

LEÇON POUR L'EMPLOI DE L'ACCORD DE SECONDE ET QUINTE.

N°. 32.

DIFFÉRENTES PRÉPARATIONS ET RÉSOLUTIONS DES ACCORDS DE $\frac{5}{4}$ ET DE $\frac{5}{2}$.

AUTRE MARCHE DE QUARTES ET DE QUINTES EN IMITATIONS.

La note sensible dans l'accord de Septième dominante est également susceptible d'être retardée, ainsi qu'on pourra le voir dans les exemples qui vont suivre. Cette note sensible peut de même être retardée dans ses trois renversements.

Retard de la note sensible dans
l'accord de Septième dominante :

Retard de la note sensible dans le
premier renversement de l'accord de
Septième dominante :

Retard de la note sensible dans le
second renversement de l'accord de
Septième dominante :

Retard de la note sensible dans le
troisième renversement de l'accord de
Septième dominante :

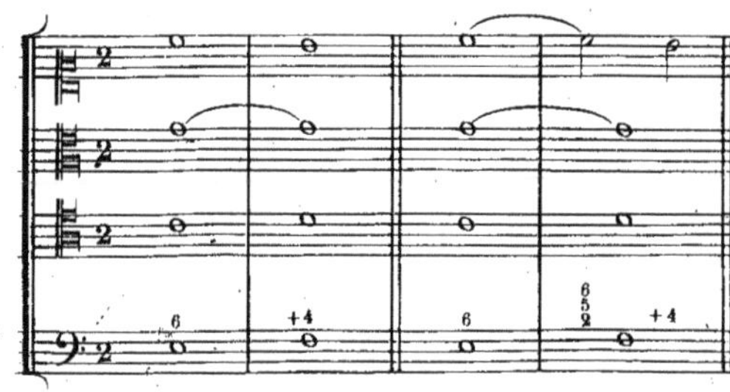

E. REPOS, 214.

Leçon pour l'emploi du retard de la note sensible dans l'accord de septième dominante et dans ses trois renversements.

En prolongeant la 7ᵐᵉ dominante sur l'accord parfait, on obtient l'accord de onzième tonique, lequel se chiffre par un 7 précédé d'une croix. Ex. +7.

MARCHES D'HARMONIES renfermant les principaux retards dont il a été fait mention jusqu'ici.

TRAITÉ D'HARMONIE. (FRANCK.)

LEÇON TIRÉE DU TRAITÉ D'HARMONIE DE DOURLEN.

N.º 34.

Certaines parties de ce traité auraient pu être développées davantage; mais comme il n'est destiné qu'aux personnes qui ne veulent pas faire de l'Harmonie une étude approfondie, j'ai omis quelques détails qui auraient compliqué cet ouvrage sans pour cela le rendre plus utile.

FIN.

E. REPOS, 219, rue Bonaparte 70, Paris.

www.ingramcontent.com/pod-product-compliance
Ingram Content Group UK Ltd.
Pitfield, Milton Keynes, MK11 3LW, UK
UKHW020047100726
13658UKWH00004B/1600